AF143288

L'ALPHA & L'OMEGA

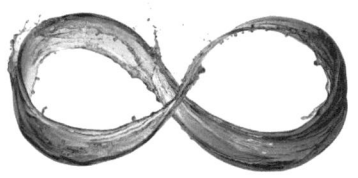

Édition : BoD – Books on Demand, 12/14 rond-point des
Champs-Élysées, 75008 Paris
Impression : BoD - Books on Demand, Norderstedt, Allemagne
Dépôt légal : SEP 2021

L'ALPHA & L'OMEGA

COPYRIGHT 202I

Éric Bouf - 9 rue des côtes, 78600 Maisons Laffitte

ek.lit@yahoo.com

www.primaluxes.com

Tous droits réservés

Indepedently published
ISBN :9782322397099

j'ai créé ce livre pour partager la première et dernière phrase de livres que je rencontre sur mon parcours de vie.

Cette idée m'est venue je ne sais comment ? Mais depuis plusieurs années j'ai pris l'habitude de lire ces deux phrases avant de commencer un livre, en espérant à chaque fois trouver une belle surprise … un peu comme lorsque l'on gratte un ticket de loterie.

Si ce concept insolite de citations de livres vous inspire, je vous invite à rejoindre le blog www.primaluxes.com où je publie chaque dimanche matin de nouvelles trouvailles.

Bonne lecture et bon voyage de l'Esprit.

EB

L'ALPHA & L'OMEGA

Premières

et

dernières

phrases

J'ai quatre-vingt-dix-neuf ans.

…

J'ai encore un peu de temps …

**Moi, Oscar Ziegler,
dernier compagnon de la Libération**

Henri Weill

Un jour, mes parents ont eu l'étrange idée de faire un enfant : moi.

...

À cet instant, je ne me suis pas senti catastrophé ou gêné, ni même triste ou désemparé, non, rien de tout ça, au contraire, je me suis mis à rire.

La tête de l'emploi

David Foenkinos

En entrant dans la chambre, Roubaud posa sur la table le pain d'une livre, le pâté et la bouteille de vin blanc.

...

Sans conducteur, au milieu des ténèbres, en bête aveugle et sourde qu'on aurait lâchée parmi la mort, elle roulait, elle roulait, chargée de cette chair à canon, de ces soldats, déjà hébétés de fatigue, et ivres, qui chantaient.

La Bête humaine

Émile Zola

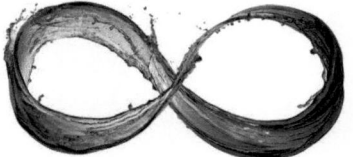

Je m'appelle Turambo et, à l'aube, on viendra me chercher.

...

On apprend alors à fermer les yeux sur les rares réflexes qui nous restent pour être seul avec soi-même, c'est-à-dire avec quelqu'un qui nous devient insaisissable au fur et à mesure que l'on s'habitue à ses silences, puis à ses distances jusqu'à ce que le Grand sommeil nous soustraie aux désordres de toute chose.

Les anges meurent de nos blessures

Yasmina Khadra

Dépourvue de son parement, dont les blocs servirent à la construction de la citadelle du Caire, la Grande Pyramide apparaît actuellement comme un prodigieux amas de blocs disposés en 203 assises superposées.

...

Je suis Isis ; je suis ce qui a été, ce qui est, ce qui sera ; et nul mortel n'a soulevé mon voile.

L'énigme de la Grande Pyramide

André Pochan

Depuis ses débuts, la physique quantique n'a cessé de s'approfondir et de se consolider.

...

Et j'ai un espoir non déraisonnable de voir un jour renaître, en conséquence, un art qui ne soit plus seulement la poursuite éperdue de la nouveauté mais qui renoue avec la quête de ces lointains qu'il est de la nature humaine de toujours souhaiter entrevoir.

Regards sur la matière

Bernard d'Espagnat, Étienne Klein

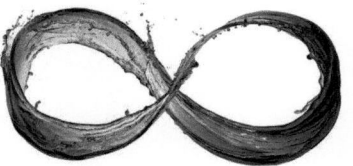

Vous rappelez-vous lorsque vous étiez enfant, vous regardiez la vie avec un émerveillement sans bornes ?

...

Elle est là et n'attend que vous pour vous offrir la magie !

La Magie

Rhonda Byrne

Kat Donovan pivota sur le tabouret où son père avait l'habitude de s'assoir quand Stacy lui annonça : J'ai fait un truc qui ne va pas te plaire.

…

Et quelque part, peut-être venant de l'autoradio d'une voiture qui passait dans la rue, ou peut-être dans sa tête, Kat entendit chanter
I Ain't Missing You at ALL.

Tu me manques

Arlan Coben

La Chance est la chose du monde
la moins bien partagée

...

Dans tous les cas, c'est le Bonheur, parce
que c'est l'accomplissement du Destin.

Les Lois de la Chance

Roger de Lafforest

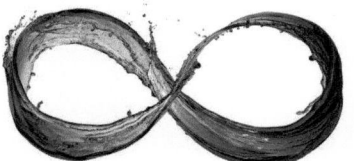

Il se nommait Santiago.

...

« Me voici, Fatima, dit-il. J'arrive. »

L'Alchimiste

Paulo Coelho

Un alchimiste au XXIe siècle. Ça existe ?

...

Quand on me demande aujourd'hui « Qu'est-ce que l'alchimie ? », je réponds : c'est l'art d'être heureux.

Un alchimiste raconte

Patrick Burensteinas

Debout devant sa fenêtre de sa cuisine, Anne Capestan attendait l'aube.

...

Cela me convient parfaitement, conclut-elle.

Poulets grillés

Sophie Hénaff

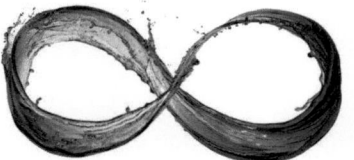

Premières lueurs du jour.

...

Mais ouvrons-nous jamais vraiment
les yeux ?

Mirage

Douglas Kennedy

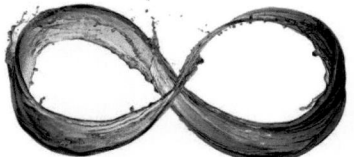

J'entends la voix de ma mère qui ricoche dans le couloir menant à ma chambre.

…

Je n'irai pas chercher plus loin d'où vient cette force qui a tordu mon destin et qui m'a rendu si libre. Maintenant, je sais pourquoi tout cela m'est arrivé.

Zarma Sunset

Karim Braire

Le regard de Malko glissa de l'affiche punaisée au mur vantant les joies du tourisme en Ethiopie par le biais d'une superbe Danakil aux cheveux hirsutes, à la peau très sombre et à la poitrine fabuleuse, jusqu'à la princesse Mekonnen, assise sur le lit en face de lui.

...

Malko lui adressa un sourire plein de tristesse - Je suis le dernier des Rois Mages, dit-il.

Le trésor du Négus

Gérard de Villiers

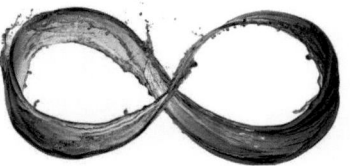

L'homme utilise le mot parlé ou écrit
pour transmettre à autrui
ce qu'il a à l'esprit.

...

Les premiers résultats sont encourageants,
et ils semblent annoncer une réponse -
attendue jusqu'ici - à bien des problèmes
qui se posent à l'humanité d'aujourd'hui.

Essai d'exploration de l'inconscient

C. G. Jung

Salomon passa amoureusement la main sur l'Arche d'alliance.

...

Salomon s'adossa à l'acacia et s'endormit dans la lumière.

Maître Hiram et le roi Salomon

Christian Jacq

Exister est un fait, vivre est un art.

...

C'est l'un des équilibres fondamentaux de
la vie.

Petit traité de vie intérieure

Frédéric Lenoir

Andreas Schaltzmann s'est mis à tuer parce que son estomac pourissait.

...

Et il s'entendit rire, étonné de ce simple miracle, rire, dans un écho qui se répercuta d'un bout à l'autre du cosmos, avant que l'infini ait enfin la mansuétude d'éteindre sa conscience.

Les racines du mal

Maurice G. Dantec

Pour penser à Noël, il suffit a priori de fermer les yeux en plein jour pour se retrouver dans une nuit de lumière.

...

Quitte à passer Noël en affrontant la nuit et les siens, autant survivre en jouant cartes sur table et en affirmant un gai savoir qui permettre de détourner le regard.

Survivre à noël

stéphane floccari

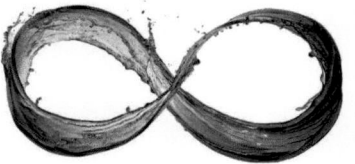

- Arrête-toi là ! ordonna Momcilo Pantelic
à sa copine Natalia, à qui il avait laissé
le volant de son coupé Mercedes SLK.
...
La jeune femme sortit à son tour, se
pressa fugitivement contre lui, effleura
ses lèvres et dit d'une voix un peu
étranglée : Stretan put (Bon voyage)

Pacte avec le diable

Gérard de Villiers

A l'arrêt suivant, Julius Kern sauta à bas du Dodge, et repartit, bringuebalant au long du chemin blanc creusé d'ornières roussâtres.

…

Il la prononça à voix haute, avec amertume : « Naître est un accident mortel… »

Coup Double

Hélène Pasquier

Phyjslyddqfdzxgasgzzqqehxgkfndrxujugocytdx
vksbxhhuypohdvyrymhuhpuydkjoxphtozsletnpmv
ffovpdpajxhyynojyggaymeqynuqlnmvlyfgsuzmqi
ztlbggyugsqeubvnrcredruzblrmxyuhqhpzdrrgcr
ohepqxufivvrplphnthvddqfhqsntzhhhnfepmqkyu
uexktogzgkyumfvijdqdpzjqsykrplxhxqrymvkloh
hhotozfksppsuvjhd.

...

A une lettre près, disait-il, Lina, Liane,
n'est pas la même chose ?

La Jangada

Jules Verne

Nous n'avons qu'une vie, c'est bien l'évidence.

…

Et c'est seulement dans ce recommencement de la reprise qu'on commence de pouvoir effectivement commencer.

Une seconde vie

François Jullien

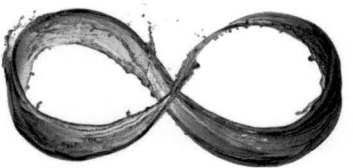

Dans une large vallée, au pied d'une colline en pente douce, Tom bâtissait une maison auprès d'un torrent.

...

Après cet instant, songea-t-il, le monde ne serait plus tout à fait le même.

Les Piliers de la Terre

Ken Follet

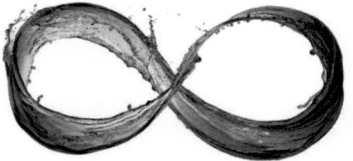

La Camargue, à certaines heures, semblait se refermer malgré l'afflux des touristes du mois d'Août.

...

La brume se parait encore des teintes rutilantes, comme si le soleil, ayant manqué sa montée, était tombé d'un seul coup dans les étangs.

Le braco du Vaccarès

Claude Joste

La lumière me parut d'abord aveuglante,
puis mes yeux s'habituèrent et je
distinguai sa silhouette à travers la
brume.

...

Et bras dessus, bras dessous, sans un mot,
nous marchâmes vers la maison aux épais
murs de pierre noire dont la cheminée
fumait et où attendaient le silence, la
vieillesse et la mort.

L'enfer

Gaspard Koenig

À quoi bon la gentillesse ?

...

Elle caractérise le fait d'agir en recourant à la séduction plutôt qu'à la violence.

Petit éloge de la gentillesse

Emmanuel Jaffelin

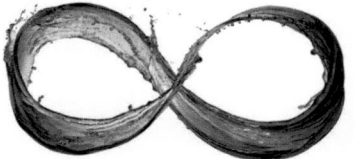

Nous tombons ! - Jetez du lest !

...

Pas un des anciens colons de l'île Lincoln ne manquait, car ils avaient juré de toujours vivre ensemble, Nab là où était son maître, Ayrton prêt à se sacrifier à toute occasion, Pencroff plus fermier qu'il n'avait jamais été marin, Harbert, dont les études s'achevèrent sous la direction de Cyrus Smith, Gédéon Spilett lui-même, qui fonda le New Lincoln Herald, lequel fut le journal le mieux renseigné du monde entier.

L'île mystérieuse

Jules Verne

Il pouvait être neuf heures en cette glaciale journée de novembre quand la clé cliqueta dans la lourde serrure de ma cellule de la Lubyanka.

...

Je me sentais soudain privé d'amis, démuni de tout, aussi perdu et esseulé qu'il est possible de l'être.

À marche forcée

Slawomir Rawicz

La littérature spiritualiste est actuellement si abondante, il y a un tel réveil, une telle recherche de la vérité concernant les grands instructeurs du monde, que je suis incité à exposer mon expérience des Maîtres d'Extrême-Orient.

….

Avec les facultés créatrices que Dieu vous a données, vous entourerez ces formes de la perfection que Dieu à conçue pour elles et dont il les entoure lui-même.

La vie des Maîtres

Baird J. Spalding

Longtemps, j'ai **erré** dans une forêt obscure.

…

Je vaux mieux que ces souvenirs lacunaires et aléatoires qui, non contents de s'emparer de ma voix, ne constituent, en dépit de leur ambition, qu'un livre de plus parmi les autres.

Et moi, je vis toujours

Jean d'Ormesson

L'homme qui, le 5 janvier 2019, entra timidement, presque craintivement dans son cabinet, Me Susane sut aussitôt qu'elle l'avait déjà rencontré, longtemps auparavant et en un lieu dont le souvenir lui revint si précisément, si brutalement qu'elle eut l'impression d'un coup violent porté à son front.

…

… Qui est-il donc ? Nous croyons le savoir à présent, nous nous disons cependant : et si je me trompais ?

La vengeance m'appartient

Marie Ndiaye

Ned Willard arriva à Kingsbridge, sa ville natale, en pleine tempête de neige.

...

Sur cette pensée, il glissa doucement dans le sommeil.

Une colonne de feu

Ken Follett

Comme souvent à Biarritz, il pleut.

…

Ce voyage ne serait donc que le début d'un long processus de transformation…

Dans les pas du fils

Renaud et Tom François

Siddhartha, le bel enfant du brahmane, le jeune faucon, grandit en compagnie de son ami, Govinda, fils lui aussi d'un brahmane, à l'ombre de la maison et du figuier, sur la rive ensoleillée du fleuve, auprès des bateaux, dans la verdure de la forêt de Sal.

...

Il se prosterna jusqu'à terre devant l'Homme qui restait là, assis, immobile, et dont le sourire lui rappelait tout ce qu'il avait aimé dans sa vie et tout ce qu'il représentait pour lui de précieux et de sacré.

Siddhartha

Hermann Hesse

Puis-je, monsieur, vous proposer mes services, sans risquer d'être opportun ?

...

Mais rassurons-nous ! Il est trop tard, maintenant, il sera toujours trop tard. Heureusement !

La Chute

Albert Camus

Tout ça, c'était à cause du Mur de Berlin.
…
Ce n'est pas Pandore qui vous dira le contraire.

Le secret du mari

Liane Moriarty

On le sait tous, la résilience est la capacité d'un matériau à résister aux chocs et dégager de l'énergie afin de retrouver sa forme première.

...

C'est une réussite si on se relève autant de fois qu'on chute, c'est la qualité d'un homme, un vrai - et bien sûr, la qualité d'une femme, une vraie.

Les chemins de la résilience

Dorothée Laurent

Ceux qui pensaient que cette guerre finirait bientôt étaient tous morts depuis longtemps.

...

Cette pensée va, plus généralement, aux morts, de toutes nationalités, de la guerre I4-I8.

Au revoir là-haut

Pierre Lemaître

Il était une fois un vieil homme, tout
seul dans son bateau, qui pêchait au
milieu du Gulf-Stream.

...

Le vieux rêvait de lions.

Le vieil homme et la mer

Ernest Hemingway

Willem Barentsz, ce navigateur chevronné et aventureux, quitta trois fois les Provinces-Unies.

…

Il a emporté le secret avec lui, il n'est pas revenu.

Le chapeau de Barentsz

Emmanuel Rimbert

Au mois de mai à New York, il fait beau,
l'air est doux, loin des chaleurs
écrasantes de l'été, un temps propice au
mondanités.

...

Nous allons arroser ça, champagne avec la
zuppa inglese.

Or noir

Dominique Manotti

La première fois que je l'ai vue, c'était devant le cercueil de ma mère.

…

Mon regard a croisé le sien, plein d'attente, plein d'espoir - D'accord, Je vais essayer.

La poursuite du bonheur

Douglas Kennedy

Amadis Dudu suivait sans conviction la ruelle étroite qui constituait le plus long des raccourcis permettant d'atteindre l'arrêt de l'autobus 975.

…

Le receveur s'approcha de lui.

Terminus !… dit Angel

Vole ! … répondit le receveur en levant le doigt vers le ciel.

L'Automne à Pékin

Boris Vian

L'Audi A8 surgit à vive allure de l'étroite route en lacets venant de Valjevo et se rabattit brutalement juste avant l'endroit où la route encore plus étroite se greffait sur la voie principale indiquée par un panneau de bois portant l'inscription Pristinja.

...

Il traça rapidement un signe de croix sur le front de Malko, fit demi-tour et regagna ce qui restait du monastère de Chilandar.

Le dossier K.

Gérard de Villiers

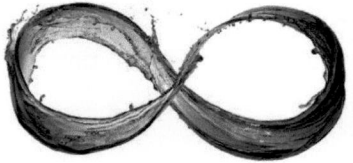

Une haute forêt de sapins, sombre et oppressante, disputait son lit au fleuve gelé.

...

A leur contact, il retrouva un instant le souvenir de ce qu'il avait été autrefois, il revit le loup solitaire, jaloux de son indépendance, qui avait affronté seul tant de tempêtes, puis ce souvenir s'effaça et il demeura étendu, les yeux mi-clos, la petite meute piaillant et se bousculant autour de lui, le soleil de la terre du Sud réchauffant son pelage.

Croc Blanc

Jack London

Gervaise avait attendu Lantier jusqu'à
deux heures du matin.

…

Tu sais, écoute bien… c'est moi, Bibi-la-
Gaiété, dit le consolateur des dames… Va,
t'es heureuse. Fais dodo, ma belle !

L'Assommoir

Émile Zola

Cherchez à qui le crime profite.

...

Personne n'a daigné me croire.

Péplum

Amélie Nothomb

L'histoire que nous allons raconter se passe en Amérique à la fin du XVIIIe siècle, pendant les terribles guerres que se firent la France et la Grande-Bretagne.

...

J'ai vu à mon aurore les fils d'Unamis heureux et forts ; maintenant, avant même que ma nuit soit arrivée, je viens de voir mourir le dernier guerrier de la race antique des Mohicans !

Le dernier des Mohicans

James Fenimore Cooper

Au kilomètre cent quatre-vingt-quatre, plus d'un an et demi après, les trains ralentissaient, avançaient comme à tâtons.

…

Les ouvriers apportaient les poteaux.

La maison de Matriona

Soljenitsyne

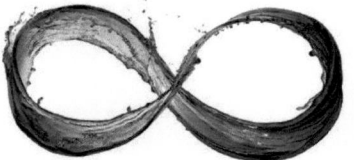

Le Comte Adelphin de Beaumashin passait une chemise blanche devant son Mirophar-Brot qui resplendissait de feux convergents.

…

Antioche embraya, et, dans un ronflement sourdingue, ils disparurent au tournant de la route, mais l'œil de Dieu continuait à les voir…

Trouble dans les andains

Boris Vian

Sommaire par auteurs

Sommaire par livres

ÉK::LÏT Éditions
est une collection
de livres et de carnets

::Introspectifs::
::Éclectiques::
::Inspirants::
::Décalés::

pour ouvrir
son Esprit

ils sont disponibles sur les meilleures
plateformes de ventes de livres en ligne

Bubble Up - Petit manuel d'éveil de Soi
Primalux - Petit recueil de lumière
La fulgurance du Verbe
Carnet d'entrainement à l'éveil de Soi
Gaïa- Notre d'Âme Nature

www.primaluxes.com
www.sereveillerpoursetransformer.com